Zum Geleit

Liebe Leserinnen und Leser, bevor wir Ihnen etwas über Wismarer und Mecklenburger Weihnachtsbräuche erzählen, möchten wir eine kleine Geschichte weitergeben, die uns unlängst erreichte. Einige Geschichten sind es einfach wert, weitererzählt zu werden! Sollten einige von Ihnen die Geschichte bereits kennen, dann wissen Sie ja, dass sie es unbedingt verdient hat, nochmals gelesen zu werden. Es wäre schön, wenn wir uns alle, auch über das Weihnachtsfest hinaus, manchmal dieser Zeilen erinnern…

Die Advents-geschichte

Vier Kerzen brannten am Adventskranz. So still, dass man hörte, wie die Kerzen zu reden begannen. Die erste Kerze seufzte und sagte: „Ich heiße Frieden. Mein Licht leuchtet, aber die Menschen halten keinen Frieden.“ Ihr Licht wurde immer kleiner und verlosch schließlich ganz. Die zweite Kerze flackerte und sagte: „Ich heiße Glauben. Aber ich bin überflüssig. Die Menschen wollen von Gott nichts wissen. Es hat keinen Sinn mehr, dass ich brenne.“ Ein Luftzug wehte durch den Raum und die zweite Kerze war aus. Leise und traurig meldete sich nun die dritte Kerze zu Wort: „Ich heiße Liebe. Ich habe keine Kraft mehr zu brennen. Die Menschen stellen mich an die Seite. Sie sehen nur sich selbst und nicht die anderen, die sie lieb haben sollten." Und mit einem letzten Aufflackern war auch dieses Licht ausgelöscht. Da kam ein Kind ins Zimmer. Es schaute die Kerzen an und sagte: „Aber Ihr sollt doch brennen und nicht aus sein!" und fing an zu weinen. Da meldete sich auch noch die vierte Kerze zu Wort. Sie sagte: „Hab keine Angst! Solange ich brenne, können wir die anderen Kerzen wieder anzünden. Ich heiße Hoffnung." Mit einem Streichholz nahm das Kind von dieser Kerze Licht und zündete die anderen Lichter wieder an.

... Wie das Kind aus dieser Geschichte lassen Sie uns die Kerzen immer wieder anzünden, wenn sie einmal ausgehen sollten – oder besser noch – sorgen wir dafür, dass sie gar nicht erst erlöschen, sondern immer brennen.

Weihnachten und Silvester

ernst oder heiter

Ein großes Fest am Ende eines Jahres zu feiern, war den Menschen in unserem Kulturkreis schon seit Jahrtausenden ein Bedürfnis.

Für die Christen der Welt bedeutet Weihnachten die Geburt des Erlösers, während vorchristliche Bräuche schlichtweg die Wintersonnenwende zum Anlass nahmen, um auf die wiederkommende Sonne zu warten und dies gebührend zu feiern.

Im alten Rom feierte man, wohlgemerkt vor Christi Geburt, vom 17. bis 24. Dezember die Saturnalien, zu Ehren des Sonnengottes Saturn. Am 25. Dezember wurde in Vorderasien dem Lichtgott Mithras gedacht, während die Ägypter diesen Tag als Geburt des Gottes Horus verehrten, um nur einige Gebräuche um diesen Zeitpunkt herum zu nennen.

Dass die russisch-orthodoxe Kirche dieses Fest an einem anderen Tag feiert, hat schlichtweg mit der Veränderung vom julianischen auf den gregorianischen Kalender zu tun. Der julianische Kalender bezieht sich auf den römischen Kaiser Julius Cäsar. Das Jahr hatte 365 Tage, was jedoch nicht den genauesten Berechnungen entsprach.

Der heute noch gültige Kalender, der gregorianische, wurde 1582 durch Papst Gregor XIII. eingeführt und Abweichungen alle vier Jahre durch ein Schaltjahr mit einem zusätzlichen Tag im Februar ausgeglichen. Das entsprach auch so weitestgehend den astronomischen Bestimmungen.

Der gregorianische Kalender setzte sich in den katholischen Ländern sehr schnell durch. In den protestantischen Ländern zögerlich und in Russland hatte er seine Gültigkeit erst 1918.

Deshalb feiert die russisch-orthodoxe Kirche die Geburt Jesu am 1. Januar, und am Rande sei angemerkt, dass die so genannte Oktoberrevolution in St. Petersburg nicht am 9. November 1918, sondern nach dem alten Kalender einige Tage früher begann.

Der Name „Weihnachten“ (ze den wihen nahten) ist eine wörtliche Übersetzung aus dem lateinischen „nox sancta“, was „zu den geweihten Nächten“ bedeutet. Er geht auf die „Raunächte“ zwischen dem 25. Dezember und 6. Januar zurück, an dem die Geister mit viel Weihrauch ausgeräuchert werden sollten.

Bis zum 4. Jahrhundert n. Chr. unserer Zeitrechnung war man sich über das Datum des Festes zu Christi Geburt überhaupt nicht einig. Man feierte es im Mittelmeerraum an den verschiedensten Tagen, so am 28. März, am 18. April oder am 29. Mai.

Es stand und steht in der Bibel auch kein genaues Datum. Die in der Bibel aufgeführten vier Evangelisten Markus, Lukas, Johannes und Matthäus sind in ihren Schriften, die alle Jahrzehnte nach Christis Tod entstanden, sehr unterschiedlich in der Darstellung von Christi Geburt. So rechnete man, da Jesus 29 Jahre und 3 Monate alt wurde, von seinem Sterbetag, den man kannte, zurück und kam auf den 6. Januar!

Aber der wirkliche Geburtstag Jesu ist unbekannt und auch nicht aus der Bibel zu entnehmen. Lediglich einige historische Fakten wie die Volkszählung, die aber lediglich den Sinn hatte, die Einwohner der Städte und Dörfer für die Steuererhebung zu erfassen. Zu welchem Stamm oder Volk der Einzelne gehörte, interessierte wenig. Deshalb gibt es in den oben angeführten Evangelien strikte Widersprüche.

Trotzdem ist das Weihnachtsfest, auch wenn nicht historisch verbürgt, das Fest der Christen und auch Nichtchristen, welches voller Emotionalität begangen wird.

Den „heidnischen Bräuchen endlich den Garaus“ zu machen, wurde durch den „Gegenpapst“ Hippolytos im 2. Jahrhundert n. Chr. die „politische Entscheidung“ getroffen, den 25. Dezember als Christi Geburt zu feiern. Dies wurde 354 durch Papst Liberius verbindlich bestätigt. Doch erst 813 ist Weihnachten als christliches Fest in die Ritualien der Kirchen eingezogen.

Trotzdem hielten sich alte vorchristliche Bräuche: Die „12 rauen Tage und Nächte“, sie beginnen zu der Wintersonnenwende und enden am Dreikönigstag, wurden immer wieder beachtet und noch heute soll während der zwölf Tage nach der Sonnenwende keine Wäsche aufgehängt werden. Der germanische Gott Wodan würde dies mit seiner „rauen“ Schar rächen.

Doch vor dem Weihnachtsfest beginnt die Adventszeit, die „Ankunft“ bedeutet und man frei mit „Erwartung“ übersetzen kann. Auf einer Kirchenversammlung 826 wurden die vier Adventssonntage beschlossen. Sie sollten die vorchristlichen Riten und Gebräuche um die Zeit der Wintersonnenwende auslöschen. Mit positiven Inhalten sollte der Christ sich auf die Feier zur Geburt des Erlösers einstellen, eben mit Hoffnung erwarten.

Krippenspiele zu Christi Geburt an Weihnachten sind schon um 1200 belegt. Der eigentliche „Erfinder“ soll aber der heilige Franziskus von Assisi sein, der um 1223 eine Krippendarstellung mit lebenden Personen und Tieren aufbaute.

Seit dem 17. Jahrhundert sind in vielen Familien die schönsten Krippen, vornehmlich im süddeutschen Raum, entstanden. Vorreiter sind dabei Bewohner des Erzgebirges, die sich in der freien Zeit etwas dazuverdienen wollten, aber auch mussten.

Der Weihnachtsmann in seiner bildlichen Darstellung war 1847 auf einem Münchener Bilderbogen des Wiener Malers Moritz von Schwindt zu sehen. Er hatte auf dem Bilderbogen einen „Herrn Winter“ aufgemalt, der unserem heutigen

Weihnachtsmann sehr ähnlich sah und dieser nahm damit seinen „Siegeszug" um die gesamte Welt.

Aus dem Evangeliarium von Kaiser Otto III. aus dem 11. Jahrhundert ist uns das älteste Weihnachtslied „Sei uns willkommen, Herre Christ", heute besser bekannt als „Nun sei uns willkommen, Jesus Christ", überliefert.

Die bekannteste klassische Weihnachtsmusik ist das Weihnachtsoratorium von Johann Sebastian Bach. Das Lied „O du fröhliche" stammt von Sizilien, Johann Gottlieb Herder brachte es von dort mit. Es ist zuerst im Weimarer Waisenhaus 1819 mit dem heute aus Deutschland eingefügten Texten gesungen worden.

Das bekannteste Weihnachtslied „Stille Nacht, heilige Nacht" entstand 1818 nahezu als Notlösung. Da die Orgel im bayerischen Oberndorf ausgefallen war, gab der Ortspfarrer dem Lehrer Franz Xaver Gruber, der auch Organist war, den Auftrag, einen von ihm selbst erdachten

Text zu komponieren. Das Lied erklang also erstmalig zu Weihnachten 1818 in Oberndorf.

Es wurde zunächst für ein Tiroler Volkslied gehalten, doch fahrende Sängergruppen sorgten für eine rasche Verbreitung, die so gut gelungen ist, dass man Weihnachten und dieses Lied kaum trennen kann.

Christstollen

von Bäcker Tilsen

Zutaten (für zwei Stollen)
1 kg Mehl, 100 g Hefe, 40 cl lauwarme Milch, 100 g Zucker, 2 Eier, Mark einer Vanilleschote, abgeriebene Schale einer Zitrone, 1/2 Teelöffel Salz, 400 g Butter, 200 g Mehl, 350 g Rosinen, 120 g geschälte und geröstete Mandeln, 120 g Zitronat (gehackt), 90 g Orangenat (gehackt), 4 cl Rum, 150 g Butter zum Bestreichen, 200 g Zucker gemischt mit dem Mark einer Vanilleschote zum Bestreuen

Zubereitung
Das Mehl in eine Schüssel sieben, in der Mitte eine Vertiefung drücken, die Hefe hineinbröckeln und mit der lauwarmen Milch auflösen. Diesen Hefeansatz mit Mehl bestäuben und zugedeckt 20 Minuten gehen lassen.

Zucker, Eier, Vanillemark, Zitronenschale und Salz zum Hefeansatz geben und einen trockenen, festen Teig daraus schlagen. Den Teig wieder 15 Minuten gehen lassen.
Rosinen, Mandeln, Zitronat und Orangenat mischen, mit Rum übergießen und einige Zeit durchziehen lassen. Fruchtmischung dann rasch unter den Hefeteig kneten und den Teig wiederum 10 bis 15 Minuten gehen lassen.
Aus dem Teig zuerst zwei Kugeln formen und diese dann zu etwa 30 cm langen Stangen rollen. Diese Stangen mit dem Rollholz in der Mitte dünner rollen, sodass an den Längsseiten dickere Wülste stehen bleiben. An den kurzen Seiten den Teig etwas einschlagen und dann längsseits zur bekannten Stollenform zusammenklappen. Das Backblech mit gefettetem Pergamentpapier belegen, die Stollen drauflegen und mit einem Tuch bedeckt 20 bis 30 Minuten gehen lassen. Sie sollen deutlich an Volumen zunehmen.

Bei 190 °C etwa 60 Minuten backen. Die noch warmen Stollen mit der zerlassenen Butter von allen Seiten bestreichen und mit dem Vanillezucker einstreuen. Diese Hülle aus Butter und Zucker hält den Stollen saftig und verhindert das Austrocknen.

Rezept von der Bäckerei und Konditorei Adolf Tilsen
Claus-Jesup-Straße 34, 23966 Wismar

Silvester

Am 31. Dezember 335 starb Papst Silvester I. Nach seiner Heiligsprechung im Jahr 1500 erhielt der letzte Tag des Jahres den Namen „Silvester“. Das ist aber auch das einzig Christliche an diesem Tag.

Schon die Römer feierten den Jahreswechsel „Calandae Januarie“ mit viel Lärm und Krach. In den Alpen wurde das neue Jahr durch die zahlreichen Schützenvereine „angeschossen“. Daher haben auch wir unsere Traditionen. Noch heute vertreiben wir bewusst oder unbewusst „böse Geister“ mit viel Knallerei zum neuen Jahr. Die ganz und gar nicht christlichen Bräuche stießen auf erheblichen Widerstand der Kirchen, lebte doch an diesem Tag der Glaube an Wodan, dem obersten germanischen Gott, wieder auf.

Bunt muss heute das Feuerwerk zum Jahresende sein und man verwendet, wie ab 1103 die Chinesen, das Schwarzpulver oder „Kaliumperchlorat". Wenn man dies aber nur in die Luft schießen würde, wäre alles im orangen Ton. Deshalb mischen die heutigen Pyrotechniker Natrium, Strontium, Barium und auch Magnesium hinzu und alles erleuchtet in den schönsten Farben – in Italien bereits ab 1379 und in Deutschland ab 1506.

Sportsman

Cocktail

Ein amerikanischer Gast kam eines sehr heißen Tages sichtlich erschöpft vom Jogging zurück, rettete sich an die Bar und bestellte in gebrochenem Deutsch: „...need gut Trinken und lecker!“ Ein junger Barkeeper mixte fleißig und übergab den Cocktail diesem Gast, welcher sich herzlich bedankte und im Gehen meinte: „...that's a real stuff for sportsmen!“

Das Rezept wurde notiert und getauft – geschmacklich ist es ein fruchtig-süßer Cocktail.

3 cl Maracujasaft
3 cl Mangosaft
3 cl Pfirsichsaft
9 cl Orangensaft
1 Schuss Grenadine-Sirup

Rezept vom Steigenberger Hotel Stadt Hamburg
Am Markt 24, 23966 Wismar

Der Rat musste gegen „Prasser“ einschreiten

Weihnachtsbräuche in Wismar und Mecklenburg

Weihnachten in Mecklenburg war im vergangenen Jahrhundert noch nicht so wie wir es heute kennen – mit Tannenbaum, Kerzen und Geschenken. Der Tannenbaum war nicht so weit verbreitet. Als sich die Sitte im 17. Jahrhundert durchzusetzen begann, verboten einige Kirchen den Baum als abergläubischen Brauch.

Die wohl erste Kunde von einem Weihnachtsbaum in Mecklenburg stammt von dem aus Grevesmühlen stammenden Dichter Kosegarten, der berichtete, dass 1772 in der Stube eines Grevesmühlener Schneiders ein solcher Baum stand. Wie aber die einfache Bevölkerung ohne geschmückten Baum feierte, überlieferte uns der mecklenburgische Volkskundler Professor Wossidlo: „Wihnachten makten uns Öllern ut Dannentwieg up den Disch so 'n lütt Gebusch farig. Dor legen wi uns Mütz rin. In de Nacht bröcht denn de Kinnjes wat. Hillig Abend kregen wi nix."

Als sich dann der Tannenbaum immer mehr durchsetzte, war der Schmuck, wie nachstehende Aufzeichnung beschreibt, ganz einfach: „Een Talglicht würd baben up den Dannenboom anbunnen, denn wier de Stuw oewer hell. Pölltüffel würden mit blank Papier oewerkläwt, de würden an den Boom hungen. Een Band, wo Rosinen uptreckt wier'n, wurd ünnen rund üm den Dannenboom rümleggt. Blanks hüng dor nix an."

Interessant auch die Aufzeichnung ganz einfacher Leute: „Wi wier'n soebenteihn Kinner, un Vadder un Mudder müssen dull rackern, dat se uns grot fodert kregen. As nu de Wihnachten-Hillig-Abend ran keem, säd Vadder tau uns, hei will na de Stadt gahn un Wihnachten för uns inköpen. As he wedder na Hus kem, halte he dree Dalglichter ut siene Kittelslip rut – sowat har'n wie Gör'n noch nich seih'n. Wi seeten jo ümmer bi de Tranfunzel. De dree Lichter stek he an un stellte se up dat Ätenschapp hen. Un as hei nu dorvör stahn, güng un uns Kinner dat Wihnachtsevangelium vörläste, dor würd de lütte Stuw so hell, un de Würd von den Ollen föle'n so sachting in mien lütt Kinnerhart rin. So'ne schöne Wihnachten heff ik bi Dag nie wedder beläwt."

Kirchen und Obrigkeiten haben durch Jahrhunderte versucht, die alten heidnischen Bräuche auszurotten, und noch 1753 warnte ein Pastor davor, die Kinder am Weihnachtsabend mit Gesichtern des Wodan, dem germanischen Gott, zu erschrecken. In etwas abgewandelter Form finden wir diese Sitte in der Maskerade des Weihnachtsmannes wieder. In Wismar musste der Rat schon 1544 gegen die Bürger einschreiten, die das Fest im „Neuen Haus“, dem Festhaus der Stadt Hinter dem Rathaus 15, zu unchristlich begingen und zu einem Geprasse ausarten ließen.

Noch 1723 wurde ein Weihnachtsspiel mit Androhung „bey 14-tagiger Gefangnis-Straffe, mit Waaser und Brodt im Qualenkeller verbothen“.

Zum Weihnachtsfest konnten sich auch die Ratsherren freuen. Sie bekamen, da sie ehrenamtlich tätig waren, keine finanzielle Entschädigung, sondern ihr Aufwand wurde teilweise in Naturalien beglichen. Erst ab 1682 erhielten sie pro Jahr 300 Mark und 1832 wurde die Ratsbesoldungskasse gebildet, woraus hauptamtliche Ratsmitglieder ein festes Gehalt und ehrenamtliche Ratsmitglieder eine Aufwandsentschädigung erhielten. Daneben blieben jedoch die Einnahmen aus Naturalien, die eigentlich nur noch symbolischen Wert hatten.

Beispielsweise wurde noch zu Beginn des letzten Jahrhunderts von dem zu Wismar gehörenden Dorf Dammhusen zwei fette Gänse nach Wismar geliefert und aus Wendorf musste jeder Hofbesitzer einen Hasen beisteuern.

Zu Weihnachten hatte der Stadtkämmerer ebenfalls keine Not, denn die Bäcker der Stadt hatten dann Kuchen und Kringel zu liefern.

Der Bürgerausschuss wollte diese Einkünfte in einer Sitzung am 16. Februar 1905 streitig machen – doch umsonst.

Natürlich gibt es heute zu den Festen keine Naturalien mehr, so sehr sich mancher über eine zusätzliche Beigabe in Form von Gänsen, Hasen, Kuchen und weiteres mehr zum Fest gefreut hätte.

Im letzten Jahrhundert haben sich dann die bis heute üblichen Weihnachtssitten durchgesetzt. So warb die Ratsbuchhandlung Schmidt & von Cossel, Am Markt 19, die spätere Hinstorff-Hofbuchhandlung im heutigen „Reuterhaus“, mit „ihrem aufs Sorgfältigste complettierten Lager von wissenschaftlichen Werken, Gesell-

Entenbraten mit Apfelrotkohl

dazu Salzkartoffeln

Zutaten (für 4 Personen)

Entenbraten: ca. 1900 g Ente, etwas Wasser, Salz, Pfeffer, Rotwein, 1 bis 2 gestrichene Esslöffel Weizenmehl
(Garzeit ca. 2 Stunden)

Füllung: 200 g Rosinen und Backpflaumen, 1 mittelgroßer Apfel

Apfelrotkohl: ca.1,2 kg Rotkohl, 3 mittelgroße saure Äpfel, 60 g Schmalz, 1 mittelgroße Zwiebel, 1 Lorbeerblatt, 3 bis 5 Gewürznelken, 70 ml Wasser, 70 ml Rotwein, 1 Esslöffel Essig, Salz, Zucker
(Garzeit ca. 1 Stunde und 45 Minuten)

Zubereitung

Entenbraten: Die küchenfertige Ente unter fließendem kalten Wasser abspülen und trocken tupfen. Mit Salz und Pfeffer von innen und außen einreiben.

Für die Füllung den Apfel schälen, entkernen und in 1/8 Stücke teilen, mit den Rosinen und Backpflaumen vermengen. Nach dem Füllen die Ente gut verschließen. Mit dem Rücken nach unten in den Bräter legen und bei ca. 220 °C in den unteren Teil der vorgeheizten Backröhre schieben.

Nach ca. 45 Minuten das angesammelte Fett abschöpfen. Sobald der Bratensatz bräunt, etwas warmes Wasser hinzugießen und die Ente bei aufgefülltem Bratensatz ab und zu begießen. Vor Beendigung der Garzeit mit kaltem Wasser bestreichen (für eine schöne krosse Haut) und den Bratensatz mit etwas Rotwein auffüllen. Den Bratensatz passieren und mit Weizenmehl binden.

Rotkohl: Den Rotkohl putzen, vierteln, den Strunk entfernen, waschen und in feine Streifen schneiden. Die Äpfel schälen, entkernen und in 1/8 Stücke schneiden. Schmalz im Topf zerlassen und den Rotkohl mit Apfelstücken andünsten, mit Wasser und Rotwein auffüllen, die gespickte Zwiebel und den Essig hinzufügen. Mit Salz und Zucker abschmecken. Zum Verfeinern 1 Esslöffel Preiselbeeren hinzufügen.

Anrichten: Die Ente mit der Geflügelschere vierteln und auf einer Platte anrichten. Die Füllung dazureichen. Die Sauce passieren, in eine Sauciere geben und die Teller mit Apfelscheiben, Preiselbeersahne, Orangenfilet und Blattpetersilie vorbereiten.

Rezept vom Restaurant „Zum Weinberg“
Hinter dem Rathaus 3, 23966 Wismar

schaftsspielen, Bilderbüchern und Jugendschriften zu Weihnachts- und Neujahrsgeschenken für Erwachsene und Kinder". Das steht in der Wismarschen Zeitung vom 10. Dezember 1835. In derselben Zeitung vom 22. Dezember 1835 preist dann der Kuchenbäcker Rechenberg aus der Bliedenstraße an: „Zum bevorstehenden Weihnachtsfeste empfehle ich mich dem geehrten Publicum mit meinem Succade-, Zucker- und meinem Honigkuchen usw. und bitte um gütigen Zuspruch, am heiligen Abend, in meiner Bude auf dem Markt".

Heute feiert jeder das Weihnachtsfest nach seiner Anschauung und Einstellung. Aber über allem steht das Bedürfnis nach Friede, Freude in der Familie oder Besinnlichkeit.

So wie der Kuchenbäcker Rechenberg bis zum Heiligen Abend seine Waren verkaufte, so war es bis spät im letzten Jahrhundert üblich, dass Händler besonders am Heiligabend sehr spät noch ihre Geschäfte offen hatten, um ihre Waren anzubieten.

Und unsere Vorfahren waren pfiffig. So wie die Schaustellerfamilie Seeler aus der Neustadt. Wenn der Weihnachtsmarkt vorbei war, verkaufte Ferdinand Seeler mit seiner Familie, darunter der manch Älteren bekannte „Hannes" Seeler, an der Wasserkunst bis spät am Heiligabend.

So kam dann eines Tages, Ende der zwanziger Jahres des letzten Jahrhunderts, in den schweren Zeiten der Weltwirtschaftskrise ein Junge an der Wasserkunst vorbei und schaute mit großen Augen auf die übrig gebliebenen Bäume, wobei die Seelers nichts dagegen hatten, wenn man sich einige Tannenzweige aufsammelte, damit die ärmeren Leute wenigstens einen Tannenstrauch in der Wohnung hatten.

Ferdinand Seeler sah den Jungen und es entwickelte sich Folgendes: „Na!", secht de oll Seeler, „söchst du noch 'n Boom?". Der Junge druckste herum und sagte dann: „Ja, oewer dat ward dit Johr nix. Mudder hett uns n' lütt Süster schenkt un nu sünd wie soeben tau Hus. Dor müssen wi uns entscheiden – ne Süster orrer n' Dannenboom. Wi hebben uns oewer de Süster freut."

Ferdinand Seeler langte um sich und gab dem Jungen so einen schönen Tannenbaum, dass der Junge vor Freude rot wurde und so schnell wie möglich nach Haus rannte: Nun konnte Weihnachten kommen. Ein besseres Beispiel für weihnachtliche Nächstenliebe gibt es kaum.

Wo sünd de Päpernoet?

Aus meinen eigenen Kindertagen nach dem Zweiten Weltkrieg gibt es eine kleine Episode, die aber auch auf die wirtschaftlichen Schwierigkeiten aufmerksam macht:

Tau miene Kinnertiet hürten Advent, Wihnachten un Päpernoet eenfach tausamen. Dat geef je ok nich väl mihr an säute Saken. As lütten Butscher heff ik dat denn noch mitkrägen, wenn Mudders den Deich farig makt har un mi twischendörch een up de Poten haute, wiel ik bi't Naschen wier. Se sechte denn to mi, dat ik Bukweihdach kriegen würd un se har ok Recht dormit. Bannich Spaß hett dat makt, wenn wi ut den farigen Deich allerhand Figuren mit so 'n Utsteckerform makt har'n. Dat wier'n Stierns, Mandfiguren, Engels un so wierer. Wenn dat farich wier, güng dat na Bäcker Geserich üm de Eck in de Lübsche Strat un de hett denn uns halffarige Päpernoet in' Backaben schaben. Dat wier wat, wenn wi de iersten warmen Dinger prowt hebben. Mi gahn hüt noch de Ogen oewer!

Doch furtsens hett uns Mudder de Dinger all in so grote Bleckbüxen makt un vör uns versteckt. Mudders har ehre leiwe Not mit uns, denn de Verstecke hebben wi fix rutkrägen un so müss wedder wat Nieget söcht warden. Wat hett Mudders uns androht un verbaden, dat wi vör Wihnachten dor nich ran gahn süll'n. Makt hebben wi dat liekers. Mudding seech in, dat all ehr Bemäuhungen nix döchten. Doch to'n Wihnachtsabend wier'n ümmer noch nauch Päpernoet dor. Wie se dat farig krägen hett, is ehr Geheimnis, denn se wier 'ne plietsche Husfru un Mudder in gaude un lege Tieden.

Café

Haferflockentaler

Zutaten für etwa 30 Stück

150 g Butter, 120 g kernige Haferflocken, 120 g blütenzarte Haferflocken, 230 g braunen Zucker, 2 verquirlte Eier, 60 g Mehl, 2 Teelöffel Backpulver, 1/2 Teelöffel Zimt

Zubereitung

Butter bei schwacher Hitze in einem Topf zerlassen. In einer Schüssel beide Sorten Haferflocken mit der flüssigen Butter mischen. Zucker, verquirlte Eier, Mehl, Backpulver und Zimt zufügen und alles gut vermengen. Die Masse in etwa 10 g schwere Häufchen (das entspricht ungefähr einem gestrichenen Esslöffel) mit ausreichendem Abstand auf die mit Backpapier belegten Bleche setzen und bei 170 °C im vorgeheizten Ofen in etwa 8 bis 9 Minuten goldbraun backen.

Rezept von der Bäckerei und Konditorei Adolf Tilsen
Claus-Jesup-Straße 34, 23966 Wismar

De Wihnachts-geschicht

orrer woans wier dat an Hilligabend vör tweedusend Johr

Frie na dat Evangelium vun Lukas,
interpretiert von Hinnerk

Dat sünd nu all tweedusend Johr her, ass disse Geschicht wohrhaftig passiert is. Dor läwten de Timmermann Josef mit sien Fru in de Stadt Nazareth in Galiläa. Dat is ungefihr dor, wo hüt Israel licht. De beiden wier'n frisch verheurad't un har'n keen Kinner. Se wier'n flietig, oewer arm. An eenen Dach drömte Maria bi 't Spinnen vör sik hen. Mit 'n Mal keem een hellet Licht up ehr to un se hett sik bannich verfiert. Dor säd ne

Stimm: „Ik bün een Engel un sall di vun Gott hartlich Gröten utrichten. Du büst vun alle Frugens up de ganze wiede Welt uterwählt, een Kind ahn dienen Mann to Welt to bringen. Dat ward een Jung, de later de ganze Minschheit vun ehr Sünnden erlösen sall. Du sast dat Kind Jesus heeten laten. Üm dienen Josef mak di man keen Sorgen, dat erledigt Gott."

As Josef abends nah Hus keem, hett Maria em dat vertellt un se säd, dat se een Kind kriegen sall, oewer dat kümmt vun Gott. Joseph klarte sik an' Kopp, so recht wier em dat nich. Bäten misstrug'sch wier he all. Denn wo sall dat angahn, dat he de Vadder sien süll, oewer nix mit Maria hatt har. Nich mal bäten Spaß!

Doch he wier ok een Kierl, de an Gott glöwte un stammte, äbenso as Maria, vun den groten König David aff. Un so hett he de Sak annahmen. De Tiet güng hen un Maria würd drall un draller. Dor keem 'ne Anurdnung ut Rom, wo de Kaiser Augustus sien Ünnertanen ut de Provinzen

– un Galiläa hürte je dorto – tellen wull, üm mihr Stüern intodrieben.

Dat moekt de Finanzminister vun hüt förwiss figelienscher! Ahn uns to tellen, snüffelt he ümher, wo wat to halen is. Un he find't ok wat. Dorför hett he siene flietigen Hülpslüd, nee, nich Engel, sünnern dat Finanzamt! Un uns' Politessen seih'n ok nich grad as Engel ut.

So süll'n sik alle Lüd dorhen begäben, wo se burn sünd. Josef keem ut Bethlehem in Judäa.

He hett sik also mit Maria un dat Kind ünner ehr Hart up den Wech makt na Bethlehem. Dat wier nich licht. Väl Volk wier ünnerwägens, wiel alle Lüd in ehr Heimaturte müssen.

Se hebben dat denn ok bät na Bethlehem schafft, doch de Gasthüser un Herbergen wier'n all vull. Maria wier so swack, künn keenen Schritt mihr wieder gahn un hett sik eenfach dalsett'. Dat wier all düster un de Nacht keem neger. Dor hett Josef bi een Buern ankloppt, man de hett secht, dat bi em ok all'ns vull is. As he Maria denn to sehn kreech, keem Mitleed oewer em un he hett meent, dat in' Stall achtern Hus noch wat frie is.

Dor hett Josef denn Maria in 't Stroh lecht un sik vör Mödichkeit dornäben. As se nu in deepen Slap liggen, is baben an' Häben de Dör upgahn un de Erzengel Gabriel is as eenen hellen Stiern dörch de düster Nacht flagen. Un as he bi den Stall wier, wo Maria un Josef ünnerkrapen wier'n, dor makt he ganz liesen de Dör up, lechte Maria dat lütte Jesuskind sachten in ehr'n Arm un gliek wier he wedder verswun'. Maria is upwakt, seech ehr Kind un hett ok Joseph furts wak makt. Beid' hebben sik freut un dat Kind mit Stroh afdrögt. Denn söchten se een Dauk. Dor hebben se dat Jesuskind in inwickelt un denn in de Kripp lecht, wo süs de Oss un ok de Äsel ut fretten.

De lütt Jesus har ganz kruset Hoor un lachte de beiden fründlich an. Maria un Josef würd' so warm üm dat Hart. Up 'n

Mal wier'n all ehr Sorgen vergäten. Wat Josef un Maria nich sehn hebben, wier de grote helle Stiern an' Häben. Dissen Stiern hebben de dree Weisen ut dat Morgenland, de buten in de Nacht ünnerwägens wier'n, ok seihn. Vör 'n poor Mande har'n se in ehr Heimat 'ne Weissagung vun „ganz baben" krägen, dat se sik up den Wech maken süllen, denn dor in Judäa ward de König vun de Juden in eenen eenfachen Stall burn. Dissen süllen se anbäden un een Stiern würd ehr den Wech wiesen.

Balthasar, Melchior un Kaspar hebben den Stiern as Teiken nahmen un sünd em nagahn. Un se har'n Recht, denn je neger se na Bethlehem keemen, desto glöniger würd' de Stiern un bleew oewer eenen lütten Stall stahn. Un buten up de Wischen wier'n ok noch dree Schäpers, de slöp'n bi ehr Schap, as mit 'n Mal een grotet Licht angüng un se sik bannich verfiert hebben.

De Erzengel Gabriel sä' to ehr: „Ji brukt keen Bang to hebben, hüt is juch de Heiland burn. Ganz in de Neech in eenen Stall mit Oss un Äsel. Lopt mal hen un makt juch Upwartung. Dat ward ji nich bereu'n." Na den iersten Schreck hebben se sik beratslacht. Denn hett jedeen een lütt Lamm nahmen un se hebben sik up den Wech na den Stall in Bethlehem makt. Se hebben ok den Stiern sehn un wier'n furts an de richtige Städ.

Vör de Dör hebben se de dree Weisen drapen un ehr ehrfürchtich den Vörtritt laten. Se kloppten nu all an de Stalldör. Josef steckte den Kopp rut un makte blot: „Sch – sch… dat lütt Kind slöppt, oewer ji könnt rinnerkamen."

Dor güngen de dree Weisen vörwech un lechten Weyrauch, Myrrhe un Gold vör de Kripp un smeten sik up de Knee, üm to bäden. As de Reech an de Schäpers keem, hebben de jedwereen ehr lütt Lamm hengäben un föllen ok up de Knee.

All, de in den lütten Stall wier'n, hürten mit 'n Mal Musik vun baben, de so schön klüng – un dat jubilierte ut alle Ecken. De

Stall würd' so hell, as wenn de Sünn an' Häben stünn.

So is vör oewer tweedusend Johr de Hillige Nacht entstahn. Wi fieern den Hilligen Abend hüt noch mit Freud', 'n bäten Musik un Singsang, lütt un grot Geschenke un väle Lichter – binnen un buten, so as de Weisen un de Schäpers dat in Bethlehem dahn un beläwt hebben. Wenn wi denn noch den Stiern vun Bethlehem to sehn kriegen, weeten wi, dat dat all'ns keen Drom is.

Olljohrsabend möt man Fisch äten

Silvesterbräuche aus Wismar und Mecklenburg

Wie schon eingangs erwähnt, starb am 31. Dezember 335 in Rom der Papst Silvester. Bei dessen Heiligsprechung wurde sein Name für den letzten Tag des Jahres eingeführt. Im allgemeinen Sprachgebrauch ist der „Silvestertag“ seit etwa 1500.

Verschiedenartig sind die Sitten und Bräuche am letzten Tag des Jahres, die uns überliefert sind.

Besonders der Glaube an böse Geister spielte dabei eine große Rolle. Diese waren nur durch einen starken Lärm zu vertreiben. Dass dies nun ganz und gar nicht christlich war, wie auch die verschiedenartigsten Bräuche zum Jahreswechsel, zeigen die Widerstände aus den Kirchen.

Geistervertreibung und der Glaube an den germanischen Gott Wodan lebten in diesen Tagen besonders auf.

So ging der Bauer, laut die Sense schärfend, durch alle Räume, und die Knechte nahmen die Peitschen und schossen damit in alle Ecken des Hauses und des Stalles. „Dat niege Johr möt anschaten warden!"

Zu essen gab es am Silvesterabend, dem „Olljohrsabend" oder „Vullbuksabend", schon immer reichlich. In einigen Gegenden sprach man von dreizehn Gerichten. Wenn man von allen Speisen aß, sollte man nicht mehr krank werden.

Eine besondere Stellung scheint unter den Silvestergerichten seit jeher Fisch eingenommen zu haben. Fischessen sollte Glück bringen: „Olljohrsabend möt man Schuppenfisch äten un de Schuppen in't Portemonnaie stäken, denn ward dat nich leddig." So empfiehlt sich der Wismarer Fischhändler Voigt am 29. September 1829 in der „Wismarschen Zeitung" mit: „Sylvesterabend werde ich Karpfen und Braten

Karpfen blau

Zutaten für 4 Personen

1,5 kg Karpfen küchenfertig, 1 Bund Petersilie, 1 Bund Suppengemüse, 2 Lorbeerblätter, 4 Pfefferkörner, 4 Pimentkörner, Salz, 1 Zitrone, 1/2 Zwiebel, 350 ml Weißweinessig

Dazu reichen wir Petersilienkartoffeln, flüssige Butter und Sahnemeerrettich

Zubereitung

Die Zwiebel schälen und hacken. Die Möhre und den Sellerie schälen, waschen und grob schneiden. Den Lauch putzen, längs halbieren, gründlich waschen und in breite Streifen schneiden.
Die Petersilie waschen und mit dem Gemüse in einen großen Topf geben. 1 l Wasser angießen, Lorbeerblätter, die Piment-

und die Pfefferkörner, 1 Teelöffel Salz und den Essig hinzufügen, aufkochen und bei schwacher Hitze köcheln lassen.
Den Karpfen waschen, trocken tupfen, innen salzen, pfeffern und mit drei Viertel des Zitronensafts ausreiben. Im Sud zugedeckt bei schwacher Hitze in 25 bis 30 Minuten garen.

Rezept vom Restaurant „Zum Weinberg“
Hinter dem Rathaus 3, 23966 Wismar

in Portionen reichen, und bitte daher um einen zahlreichen Besuch".

In derselben Zeitung las man am 31. Dezember 1835 eine Anzeige der Buchhandlung Schmidt & v. Cossel, Am Markt 19, der nachmaligen Hinstorffschen Hofbuchhandlung, dem heutigen „Reuterhaus": „Neue in verschiedenen Farben äußerst elegante gedruckte Neujahrs=Gratulations=Charten zu haben in unserem wohlsortirtem Sortiment…" Eine der ersten Erwähnungen zum Versenden von besonderen schriftlichen Festtagsgrüßen und auch Wünsche für das neue Jahr.

Gern schaute man an diesem Abend aufs verflossene Jahr und hielt Bilanz, war aber auch gleichermaßen neugierig auf die Zukunft. Ganz beliebt und heute noch nicht ganz in Vergessenheit geraten, war in dieser Hinsicht das Bleigießen.

Aber auch die Feierlichkeiten kamen nicht zu kurz. Vom Wismarer St. Marienkirchturm bliesen in der Silvesternacht die Turmbläser oder „Churen", wie sie im

Mittelalter genannt wurden. Dazu wurden um Mitternacht zum Jahreswechsel die Glocken geläutet. Zum ersten Mal läuteten die Glocken von St. Marien zum Jahreswechsel 1823/24, was sich bis heute erhalten hat.

Aber auch das heute übliche „Pfannkuchenessen" war damals schon in ähnlicher Form vorhanden. So hatte der Bäckermeister Burmeister in der Lübschen Straße 6 an seinem alten Giebelhaus in der Silvesternacht folgenden Spruch stehen: „Ihr lieben Freunde kommt herein, gewinnt euch schönen Kuchen. Fortuna wird euch günstig sein, ihr müßt es nur versuchen." Sicherlich war etwas hineingebacken, was die Nachtschwärmer anlockte.

Am Neujahrsmorgen war es dann Sitte – in der Stadt kannte man sich meistens persönlich – jedem, dem man begegnete, zu beglückwünschen und sich für das neue Jahr alles Gute zu sagen.

Doch auch dabei wurden Unterschiede gemacht und der Rat sah sich genötigt, eine Extraverordnung darüber zu erlassen, die in der „Wismarschen Zeitung“ vom 22. Dezember 1829 stand: „…das Gratuliren ist nur folgenden ausdrücklich benannten Personen erlaubt, nämlich zu Neujahr ebenfalls den Wasserstellern, ferner den Röhrenlegern, den Nachtwächtern, den Stadtsoldaten, dem Stadttambour, den Kohlenmessern und den Knechten der vier Gassenreinigungspächtern, diesen letzteren aber nur in ihren Quartieren. Allen denjenigen, welchen der Umgang zum Gratuliren hier nicht namentlich gestattet worden, ist solcher schlechterding verbothen, und es wider diejenigen, welche dieser Verordnung entgegen handeln würden, eine, den jedesmaligen Umständen angemessene polizeiliche Beahndung erkannt werden.“

Diese Verordnung sollte nicht das allgemeine Gratulieren zum neuen Jahr einschränken, sondern die bei vielen Berufsständen, wir würden heute Dienstleister dazu sagen, zum Jahreswechsel üblichen

Gratulationstraditionen, die mit einem kleinen Trinkgeld oder Naturalien bis hin zum anständigen „Köm“ verbunden waren, einzuschränken und nicht ausarten zu lassen.

Diese Tradition habe ich bis vor 20 Jahren bei meinem ehemaligen Hauswirt, dem Taxiunternehmer Hans Klein aus der Gerberstraße, noch erlebt, wenn auch in etwas abgeänderter Form.

Hans Klein passte bei der letzten Müllabfuhr des Jahres immer die Müllmänner ab und dann gab es als Dankeschön einen kleinen „Klaren“. Da man nicht auf einem Bein stehen konnte, gab es einen zweiten hinterher. Dann meinte Hans Klein, dass man nun nicht übermütig werden sollte, aber „de Lüd' hebben dat doch verdeihnt, wenn se dat ganze Johr unsen Schiet afhalen“. Eine Geste, die ich nicht vergesse und ich habe noch heute meine Hochachtung vor dieser Tätigkeit.

Am selben Tag fanden auch in den Wismarer Gasthäusern Neujahrsbälle statt.

Damit empfahl sich z. B. der Wirt vom Wismarer Schützenhaus an der Schweriner Straße in der Zeitung vom 31.12.1835: „Am Neujahrstag ist Tanzmusik auf dem Schützenhaus, Anfang 5 Uhr, wozu ergebenst einladet…“

Hat sich heute manches an Äußerlichen verändert, der fröhliche Grundkern zum Jahreswechsel bis hin zum Beschaulichen ist geblieben.

Auch das Karpfenessen am „Olljohrsabend“ gehört mit zu den unveränderten Traditionen. Die Wismarer Fischer und Fischhändler verkaufen bis zum Mittag frischen Karpfen in allen Größen.

Meinen habe ich vorsichtshalber bei der „Fischollsch“ mit der freundlichen Lippe, Gisela Schadwinkel, bestellt.

Und wenn es denn zum Jahreswechsel geht, werden Menschen aller Weltanschauungen wieder zu „Heiden“, denn sie vertreiben mit dem Böllern die bösen Geister des alten Jahres. Ob das manchem heute noch so bewusst ist?

Katerfrühstück

Da man bekanntlich am Neujahrsmorgen etwas länger schläft, bereitet man die Heilbutt-Olivenpaste schon am Vorabend vor, die dann auf einem Vollkornbrot der erste Muntermacher im neuen Jahr sein sollte. Danach wird das Katerfrühstück – Sardellenfilets auf Heringssalat – gemeinsam zubereitet.

Rezept pro Portion

Zutaten: 1 Teelöffel Pinienkerne mit etwas Basilikum und 4 grünen Oliven pürieren, 25 g Heilbutt zerdrücken und mit 1 Esslöffel Frischkäse die Olivenmasse mit Salz und Pfeffer verrühren.

Anrichten: Die Heilbutt-Olivenpaste auf Vollkorntoast streichen und mit Pinienkernen, Oliven und Kräutern garnieren.

Wenn der erste Hunger gestillt ist, sollte in Freundeskreisen gemeinsam in der Küche gewerkelt werden, um dann den kleinen Kater gemeinsam zu bekämpfen.

Rezept für 2 Personen

Zutaten: 4 Stück Bismarckheringsfilet, 250 g Sauerrahm, 2 Teelöffel Kapern, 1/2 Teelöffel Dill, 1 Esslöffel Schnittlauch, 1/2 Teelöffel Petersilie (kann alles aus der Tiefkühltruhe sein), 1 kleine rote Zwiebel, 1 mittelgroßer Apfel, 4 Kirschtomaten, 2 Essiggurken, 6 Sardellenfilets aus der Dose, 3 mittelgroße Kartoffeln, 1 Stange Lauch, 6 Radicchioblätter o. ä., 1 Teelöffel Butterschmalz, Jod-Salz und Pfeffer.

Vorbereitung: Kartoffeln kochen und halbieren, Heringsfilet enthäuten und in Streifen schneiden, Kapern grob hacken (davon 1/3 ganz lassen), Gurken in Scheiben schneiden, Tomaten vierteln, Zwiebel

in Ringe und Lauch in Scheiben schneiden, Sardellenfilets in Ringe drehen und mit den Kapern füllen, Äpfel in feine Scheiben schneiden.

Zubereitung: Sauerrahm mit Kapern, Kräutern und Äpfeln gut vermengen. Dann Tomaten, Lauch, Heringe, Zwiebelringe und Gurken zufügen und mit Salz und Pfeffer abschmecken. Etwas ziehen lassen. Dann die Kartoffel leicht in Butterschmalz anschwenken, Dill dazugeben mit Salz abschmecken.

Anrichten: Auf die Teller den Salat geben, Heringssalat daraufgeben, anhäufeln. Die Sardellenringe daraufsetzen, rundherum Zwiebelringe legen und dazu die Kartoffel reichen.

Rezept von der Fischräucherei Gisela & Frank Schadwinkel
Alter Holzhafen 33a, 23966 Wismar

Pina Colada

Cocktail

Pina Colada ist ein beliebter tropischer Cocktail. Sie ist die bekannteste aller Coladas und steht wie kaum ein anderer Cocktail für die Karibik.

Der Geschmack ist cremig, leicht fruchtig und süß. Ob eine Pina Colada gut schmeckt, hängt vor allem von der Abstimmung des Rezepts auf den Rum ab. Sehr gut geeignet ist Rum aus der Dominikanischen Republik, gut eignet sich auch kubanischer Rum.

5 cl	weißer Rum
2 cl	Kokussirup
1 cl	Sahne
8 cl	Ananassaft

Rezept vom Steigenberger Hotel Stadt Hamburg
Am Markt 24, 23966 Wismar